CIVIL
FIRST
RESPONDER

GUIDE
SE PRÉPARER AUX CRISES

PROTÉGER, RÉAGIR, SURVIVRE

Dans une situation de crise, chaque seconde compte.

Les crises et les urgences peuvent survenir à tout moment. Catastrophes naturelles, incidents technologiques, crises sanitaires ou situations de violence : la préparation est essentielle.

Cette brochure s'adresse aux résidents belges et a pour objectif de vous guider à travers les gestes vitaux et les comportements à adopter pour protéger votre famille et votre communauté.

Table des matières

.᾿ be alert

RECEVEZ LES ALERTES OFFICIELLES EN TEMPS RÉEL

BE-Alert est un système d'alerte national qui permet aux autorités belges d'informer rapidement la population en cas de crise majeure. Ce service gratuit envoie des notifications par SMS, e-mail ou appel vocal pour vous prévenir des dangers imminents et des consignes à suivre.

POURQUOI S'INSCRIRE À BE-ALERT ?

- ☐ Recevez des alertes en temps réel en cas de catastrophe naturelle, accident technologique ou menace sécuritaire.
- ☐ Soyez informé immédiatement des mesures à prendre pour assurer votre sécurité et celle de vos proches.
- ☐ Accédez aux directives officielles des autorités locales et fédérales

COMMENT S'INSCRIRE ?

1. Rendez-vous sur le site officiel :

   www.be-alert.be

2. Inscrivez votre numéro de téléphone et votre adresse e-mail.
3. Ajoutez les lieux qui vous concernent (domicile, travail, école des enfants…).

Scannez le QR code pour accéder au site de BE-Alert.

NUMÉRO D'URGENCE EN BELGIQUE ET EN EUROPE

112

CEOS

CATASTROPHES NATURELLES

TEMPÊTES ET ORAGES

QUE FAIRE EN CAS DE TEMPÊTE ?

Avant :

☐ Fixer les objets extérieurs (meubles, pots de fleurs, vélos).

- ☐ Avoir des lampes torches et batteries de secours en cas de coupure de courant.

- ☐ Débranchez les appareils électriques sensibles aux surtensions.

Pendant :

- ☐ Rester à l'intérieur, s'éloigner des fenêtres, des arbres et structures fragiles.

- ☐ Ne pas utiliser d'appareils électriques branchés en cas d'orage.

- ☐ Éviter de sortir en voiture sauf en cas d'absolue nécessité.

Après :

- ☐ Vérifier l'état de la maison et éviter les fils électriques tombés au sol.

- ☐ Écouter les consignes des autorités avant de sortir.

- ☐ Pour des interventions de pompiers non urgentes, appelez le numéro de téléphone 1722, si aucune vie n'est en danger.

INONDATIONS

- [ ] Identifiez les zones inondables et suivez les consignes locales.

- [ ] Montez aux étages supérieurs, mais ne vous enfermez pas sans issue.

- [ ] Évitez les déplacements en voiture ou à pied dans les zones inondées.
  (30 cm d'eau suffisent pour emporter une voiture).

- [ ] Coupez le gaz et l'électricité pour prévenir les accidents

- [ ] Pour des interventions de pompiers non urgentes, appelez le numéro de téléphone 1722, si aucune vie n'est en danger.

SÉISMES

Même si le risque est minime en Belgique, la terre a déjà tremblé par le passé et certains immeubles vétustes présentent un risque réel en cas de secousse.

- ☐ À l'intérieur : placez-vous sous un meuble solide, éloignez-vous des fenêtres.

- ☐ À l'extérieur : restez à l'écart des bâtiments et lignes électriques.

- ☐ Après la secousse : sortez avec précaution et évitez les structures endommagées.

ACCIDENTS TECHNOLOGIQUES

FUITE DE PRODUITS CHIMIQUES

☐ Se confinier immédiatement dans un bâtiment en dur, même si on n'est pas chez soi.

☐ Couper la ventilation mécanique (VMC, climatisation, aération forcée).

☐ Calfeutrer portes et fenêtres avec ruban et plastique (ou serviettes humides en cas de manque de matériel).

☐ Se placer à l'étage supérieur si le produit est plus lourd que l'air (ex. chlore), ou au rez-de-chaussée pour des gaz plus légers.

☐ Ne pas aller chercher ses enfants à l'école si cela n'a pas été explicitement demandé et suivre les consignes officielles.

En cas de fuite chimique, votre sécurité dépend d'une action rapide, mais aussi d'un bon calfeutrage. Gardez à portée un rouleau de ruban adhésif large et un film plastique solide. En cas d'incident, ce geste simple peut sauver votre vie.

Suivez les recommandations officielles diffusées par les autorités (BE-Alert, radio, site internet, messages SMS...)

ACCIDENT NUCLÉAIRE

☐ En cas d'alerte nucléaire, abritez-vous immédiatement dans un bâtiment en dur.

☐ Fermez portes, fenêtres et coupez la ventilation pour éviter l'inhalation de particules radioactives.

☐ Suivez les instructions des autorités via la radio, BE-Alert et les médias officiels.

☐ Prenez des comprimés d'iode uniquement sur recommandation des autorités.

☐ Évitez de consommer des aliments et de l'eau exposés à l'air libre.

ACCIDENT FERROVIAIRE OU INDUSTRIEL DE GRANDE AMPLEUR

☐ Restez calme et suivez les consignes des services de secours.

☐ Si vous êtes témoin de l'accident, éloignez-vous immédiatement de la zone de danger et prévenez le 112.

☐ Ne tentez pas de vous approcher pour filmer ou observer, cela peut être dangereux.

☐ Si un produit chimique est en cause, suivez les mêmes consignes que pour une fuite de produit chimique *(confinement, information des autorités)*.

CRISES SANITAIRES

CONTAMINATION DE L'EAU

☐ Faites bouillir l'eau pendant au moins une minute avant consommation.

☐ Utilisez des pastilles purificatrices et/ou un filtre adapté*.

- o Types de pastilles recommandées :

  - Dichloroisocyanurate de sodium (NaDCC) : désinfecte l'eau en 30 minutes.

  - Peroxyde d'hydrogène : élimine les micro-organismes sans résidu de chlore.

- o Filtres à eau efficaces :

  - Filtres à membrane en fibres creuses : éliminent bactéries et protozoaires.

  - Filtres à charbon actif : améliorent le goût et réduisent les produits chimiques.

- Filtres céramiques : efficaces contre les pathogènes de grande taille.

☐ Suivez les recommandations des autorités sanitaires.

Attention : Toujours respecter les instructions du fabricant pour l'utilisation et le dosage des pastilles ainsi que l'entretien des filtres afin d'assurer leur efficacité et éviter tout risque sanitaire.

VIOLENCE ET CONFLITS

ATTENTATS ET FUSILLADES

☐ **FUIR**

Si possible, éloignez-vous rapidement en restant couvert.

☐ **SE CACHER**

Si la fuite est impossible, éteignez votre téléphone et restez silencieux.

Types d'abris résistants aux balles :

- o Bloc moteur de véhicule.

- o Murs en béton armé.

- o Piliers en acier ou béton dans les infrastructures modernes.

- o Derrière des meubles massifs (évitez les cloisons fines et les portes intérieures légères).

☐ ALERTER

Contactez les secours 112 dès que vous êtes en sécurité.

En dernier recours

☐ SE BATTRE

Si vous ne pouvez ni fuir ni vous cacher, attaquez l'agresseur avec détermination en utilisant tout objet à portée (chaise, extincteur, outils,...).

GUERRE ET BOMBARDEMENTS

Alerte

☐ Suivez les annonces officielles via BE-Alert, la radio et les autorités locales.

Préparation

☐ Constituez des réserves d'eau potable. En cas d'alerte, remplissez votre baignoire et tout récipient propre pour disposer d'une réserve supplémentaire d'eau potable.

☐ Constituez des réserves de nourriture non périssable et de médicaments essentiels pour une autonomie de 72 heures minimum.

☐ Identifiez les lieux sûrs à proximité (abris, sous-sols renforcés, structures solides).

☐ Ayez un kit de survie comprenant des vêtements chauds, une radio à piles, une lampe torche et des documents importants.

Abris

- ☐ Meilleurs abris : parkings souterrains, caves renforcées, bâtiments en béton armé.

- ☐ Évitez : les bâtiments vitrés, les structures légères, les ponts et les tunnels.

- ☐ Fermez toutes les ouvertures et restez éloigné des fenêtres et portes.

Pendant une attaque

- ☐ Si vous êtes à l'extérieur : allongez-vous au sol, couvrez votre tête et trouvez un mur solide pour protection.

- ☐ Si vous êtes à l'intérieur : placez-vous dans un angle de mur porteur ou dans une pièce sans fenêtre.

- ☐ Après une explosion, restez allongé plusieurs minutes pour éviter les éclats secondaires.

- ☐ Attendez la fin des bombardements avant de sortir et vérifiez que la zone est sécurisée.

Évacuation en cas de guerre

- ☐ Suivez les couloirs humanitaires officiels.

- ☐ Ne vous déplacez que si c'est absolument nécessaire et en évitant les grands axes à risque.

- ☐ Gardez toujours votre sac d'évacuation à portée de main.

- ☐ Si une attaque chimique ou nucléaire est suspectée, suivez les consignes officielles et ne quittez pas votre abri avant d'en être informé.

PREMIERS SECOURS :
LES GESTES QUI SAUVENT

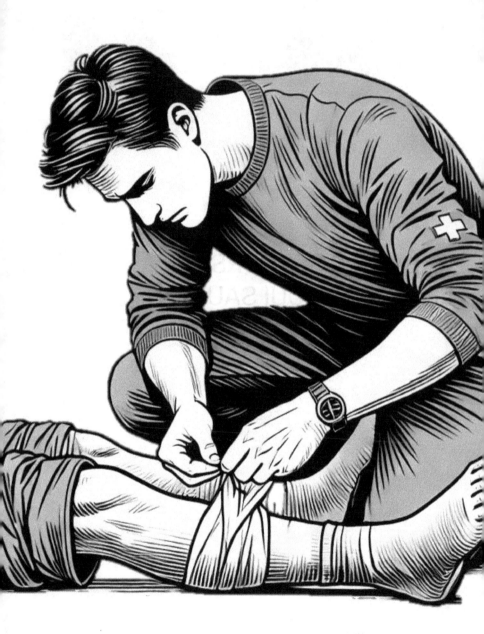

STOPPER UNE HÉMORRAGIE

☐ Appelez les secours au 112 ou demandez à quelqu'un de la faire.

☐ Appliquer une pression directe

☐ Utilisez un pansement compressif ou un tissu propre et appuyez fermement sur la plaie.

☐ Si possible, portez des gants pour votre protection.

☐ Maintenez la pression pendant au moins 5 à 10 minutes sans relâcher.

☐ Surélever le membre blessé

☐ Si la blessure est sur un bras ou une jambe, le surélever pour ralentir le saignement.

BANDAGE COMPRESSIF DE FORTUNE

Si vous devez libérer vos mains ou déplacer la victime, maintenez la pression avec un bandage compressif improvisé :

☐ Utilisez un linge épais, une chemise, un t-shirt plié, etc., placé sur la plaie.

☐ Maintenez-le fermement avec une écharpe, un foulard, une ceinture, ou un triangle de tissu, en serrant suffisamment pour maintenir la compression sans bloquer totalement la circulation.

BANDAGE ISRAÉLIEN (OU BANDAGE COMPRESSIF TACTIQUE)

Si vous en avez un dans votre trousse de secours, le bandage israélien est une solution idéale.

☐ Il combine une compresse, un système de pression, et un maintien solide dans un seul dispositif.

☐ Facile à poser même sur soi-même, il est conçu pour maintenir une pression constante sur la plaie et empêcher le retour du saignement.

UTILISATION D'UN GARROT

- ☐ À utiliser uniquement si l'hémorragie est incontrôlable et qu'il y a un risque vital.

- ☐ Utilisez un garrot commercial ou un garrot de fortune (ceinture solide, écharpe, bandage épais et un bâton pour serrer).

- ☐ Positionnez le garrot 5 cm au-dessus de la blessure, jamais sur une articulation.

- ☐ Serrez jusqu'à arrêt du saignement.

- ☐ Notez l'heure de pose et ne le relâchez pas sans avis médical.

- ☐ Surveillez l'état de conscience et les signes de choc (peau pâle, sueurs, confusion).

- ☐ Gardez la victime au chaud et rassurez-la en attendant les secours via le 112.

Le garrot et le bandage compressif peut être utilisé par le blessé lui-même (autopose), avec un peu d'entraînement.

Il est recommandé de s'exercer à sa pose à l'entraînement avant d'avoir à l'utiliser dans une situation réelle.Surveillez la personne et appelez les secours 112.

RÉANIMATION CARDIO-PULMONAIRE (RCP)

☐ Sécuriser l'environnement avant d'approcher la victime.

☐ Vérifier la réactivité : secouez doucement les épaules et parlez à la victime.

☐ Vérifier la respiration : regardez si le thorax se soulève et écoutez la respiration pendant 10 secondes.

☐ Si la victime respire normalement, placez-la en position latérale de sécurité (PLS) et appelez les secours 112.

☐ Si la victime ne respire pas ou respire anormalement, appelez immédiatement le 112 et commencez la RCP.

Débuter la réanimation cardio-pulmonaire

Effectuer 30 compressions thoraciques :

- ☐ Positionnez vos mains l'une sur l'autre, au centre du thorax.

- ☐ Appuyez avec les bras tendus, à une profondeur de 5 à 6 cm.

- ☐ Fréquence : 100 à 120 compressions par minute.

Donner 2 insufflations :

- ☐ Inclinez légèrement la tête en arrière et soulevez le menton.

- ☐ Pincez le nez et insufflez de l'air dans la bouche pendant 1 seconde.

- ☐ Assurez-vous que la poitrine se soulève.

- ☐ Poursuivre le cycle 30:2 (30 compressions, 2 insufflations) jusqu'à l'arrivée des secours ou reprise d'une respiration normale.

Utilisation du défibrillateur (DAE)

- ☐ Dès que possible, utilisez un défibrillateur automatique externe (DAE).

- ☐ Allumez l'appareil et suivez les instructions vocales.

- ☐ Placez les électrodes sur la poitrine nue de la victime selon le schéma indiqué.

- ☐ Si un choc est recommandé, assurez-vous que personne ne touche la victime et appuyez sur le bouton de choc.

- ☐ Reprenez immédiatement la RCP après le choc.

Continuer la réanimation jusqu'à :

☐ L'arrivée des secours médicaux.

☐ Un signe de reprise de conscience (mouvement, respiration normale).

☐ L'épuisement total du sauveteur sans possibilité de relais.

BRÛLURES

- [ ] Refroidir immédiatement la brûlure sous de l'eau tiède (15-25°C) pendant au moins 20 minutes.

- [ ] Ne jamais utiliser de glace, de corps gras (beurre, huile) ou de coton sur la brûlure.

- [ ] Protéger la zone avec un pansement stérile non adhérent.

- [ ] Ne pas percer les cloques.

- [ ] En cas de brûlure chimique, rincer abondamment à l'eau courante en protégeant les parties non touchées.

- [ ] Appeler les secours 112 si

  - La brûlure est profonde ou étendue.

  - Elle touche le visage, les mains, les pieds, les articulations ou les parties génitales.

  - La victime présente des signes de détresse respiratoire

FRACTURES

- ☐ Immobiliser le membre blessé sans tenter de le remettre en place.

- ☐ Utiliser une attelle de fortune (planche, bâton, rouleau de tissu) et fixer avec des bandages sans trop serrer.

- ☐ Éviter de déplacer la victime sauf en cas de danger immédiat.

- ☐ Surveiller l'état de la victime et appeler les secours : 112 si

  - o Déformation évidente ou os visible.

  - o Perte de sensibilité ou impossibilité de bouger le membre.

  - o Douleur intense ou signes de choc (pâleur, sueurs, confusion).

DÉTRESSE RESPIRATOIRE

☐ Placez la victime en position assise, contre un mur et rassurez-la.

☐ Placez la victime en position latérale de sécurité (PLS) si inconscient.

☐ Dégagez les voies respiratoires si nécessaire.

☐ Surveillez la respiration et appelez les secours 112.

DÉSOBSTRUCTION DES VOIES RESPIRATOIRES

En cas d'étouffement avec bruit ou toux

- ☐ Encouragez la personne à tousser.

Si cela ne suffit pas avec absence de bruits

- ☐ Donnez jusqu'à 5 claques dans le dos, suivies de 5 compressions abdominales (manœuvre de Heimlich).

- ☐ Chez l'enfant ou le nourrisson, adaptez la technique avec précaution.

ÉVACUATION
ET
PRÉPARATION D'URGENCE

PLANIFIER SON ÉVACUATION

☐ Identifiez les points de rassemblement et établissez un itinéraire sûr.

☐ Maintenez un sac d'urgence prêt en permanence.

☐ Communiquez votre plan à vos proches.

PRÉPARER UN SAC D'ÉVACUATION

☐ Un sac d'évacuation doit être léger, robuste et ergonomique pour permettre un transport facile en cas d'urgence.

☐ Type sac à dos de randonnée (+-40L) est recommandé pour sa capacité et son confort.

☐ Il doit être imperméable ou accompagné d'une housse de pluie pour protéger le contenu.

CONTENU ESSENTIEL DU SAC

☐ Eau

☐ Nourriture : rations de survie, barres énergétiques, repas lyophilisés.

☐ Médicaments et trousse de premiers secours : antiseptiques, bandages, compresses stériles, médicaments personnels.

☐ Équipement de couchage : sac de couchage compact

☐ Couverture de survie.

☐ Éclairage : lampe torche LED avec piles de rechange, lampe frontale.

☐ Outils et matériel divers : couteau multifonction, briquet/tempête, allumettes imperméables, cordes.

☐ Communication : radio à dynamo ou à piles pour recevoir les alertes.

☐ Hygiène : savon biodégradable, lingettes, dentifrice et brosse à dents.

- [ ] Vêtements : vêtements techniques adaptés à la météo, sous-vêtements thermiques, gants, bonnet.

- [ ] Documents essentiels : copies des pièces d'identité, certificats médicaux, argent liquide.

Alimentation électrique et autonomie énergétique

- [ ] Batterie externe : indispensable pour recharger un téléphone ou un appareil de communication en cas de coupure de courant.

- [ ] Systèmes de recharge autonomes : un mini panneau solaire permet de recharger une batterie externe en autonomie.

- [ ] Système de dynamo : certaines lampes torches ou radios disposent d'une dynamo intégrée, pratique en cas d'absence de sources électriques.

- [ ] Piles standard : privilégiez les appareils utilisant des piles courantes (AA, AAA) afin de faciliter leur remplacement.

- [ ] Piles rechargeables : associées à un chargeur à dynamo ou solaire.

STOCKAGE ET ROTATION DES VIVRES

Assurez une autonomie alimentaire efficace et durable en cas de crise prolongée.

Une bonne gestion des vivres ne repose pas uniquement sur la quantité, mais aussi sur la durée de conservation, la diversité et la facilité de préparation sans électricité.

Principes de base :

- ☐ Conservez au minimum 3 jours de nourriture par personne, idéalement 7 à 10 jours pour plus de sécurité.

- ☐ Privilégiez les aliments non périssables, prêts à consommer ou nécessitants peu d'eau/cuisson.

- ☐ Stockez ce que vous mangez habituellement : cela réduit le gaspillage.

- ☐ Organisez votre réserve avec la méthode FIFO (First In, First Out) : consommez les produits les plus anciens en premier et remplacez-les par les plus récents.

Aliments à privilégier :

- ☐ Conserves : légumes, poisson, viande, plats préparés.

- ☐ Riz, pâtes, semoule, quinoa (pré-cuisson recommandée).

- ☐ Légumineuses en conserve (lentilles, pois chiches, haricots).

- ☐ Barres énergétiques, fruits secs, biscuits secs, chocolat noir.

- ☐ Repas lyophilisés (légers et longue conservation).

- ☐ Bouillons, soupes instantanées.

- ☐ Farine, sel, sucre, huile, levure (pour les crises longues).

Boissons :

- ☐ Eau en bouteilles (2L par personne et par jour minimum).

- ☐ Jus longue conservation, lait UHT ou en poudre.

ASPECTS PSYCHOLOGIQUES ET GESTION DU STRESS

EXEMPLES DE TECHNIQUES DE GESTION DU STRESS

COHÉRENCE CARDIAQUE

La cohérence cardiaque est une méthode de respiration contrôlée qui permet de réduire le stress et d'améliorer la gestion émotionnelle. Elle agit sur le système nerveux autonome et stabilise le rythme cardiaque.

COMMENT PRATIQUER LA COHÉRENCE CARDIAQUE ?

☐ Méthode 3-6-5 :

- o 3 séances par jour.
- o 6 respirations par minute.
- o 5 minutes par séance.

☐ Instructions détaillées :

- o Asseyez-vous confortablement avec le dos droit et les pieds à plat.
- o Inspirez profondément par le nez pendant 5 secondes.
- o Expirez lentement par la bouche pendant 5 secondes.
- o Répétez ce cycle pendant 5 minutes.

 52

LA MÉTHODE DU 5-4-3-2-1 (ANCRAGE SENSORIEL)

☐ Trouvez 5 choses que vous voyez

☐ 4 choses que vous pouvez toucher

☐ 3 choses que vous entendez

☐ 2 choses que vous sentez

☐ 1 chose que vous goûtez.

Cette technique permet de ramener l'attention au moment présent et de réduire l'anxiété.

MAINTENIR SON CALME EN SITUATION D'URGENCE

- ☐ Focalisez-vous sur des actions précises.

- ☐ Répétez mentalement un plan d'action.

- ☐ Restez en contact avec les autres, la solidarité réduit la panique.

Prise en charge des enfants lors d'une situation de crise

PRISE EN CHARGE DES ENFANTS LORS D'UNE SITUATION DE CRISE

Les enfants sont particulièrement vulnérables en situation de crise. Leur bien- être physique et émotionnel doit être une priorité pour garantir leur sécurité et minimiser l'impact du stress sur leur développement.

PRÉPARER UN KIT D'URGENCE ADAPTÉ AUX ENFANTS

Un sac d'évacuation pour un enfant doit inclure :

- ☐ Alimentation : lait en poudre, petits pots, barres énergétiques adaptées.

- ☐ Hygiène : couches, lingettes, serviettes, gel désinfectant.

- ☐ Confort : doudou, couverture, vêtements de rechange.

- ☐ Divertissement : petit livre, coloriages, jouets légers.

ASSURER LEUR SÉCURITÉ ET LEUR PRISE EN CHARGE

☐ Expliquer calmement la situation avec des mots adaptés à leur âge.

☐ Les garder près de soi et leur attribuer un rôle simple pour qu'ils se sentent impliqués.

☐ Éviter l'exposition à des images choquantes ou à des conversations anxiogènes.

RÉAGIR EN CAS DE SÉPARATION

☐ Etablir un point de rassemblement et apprendre aux enfants leur nom, adresse et numéro d'un proche.

☐ Glisser une fiche d'identité plastifiée dans leur poche avec les contacts d'urgence.

☐ Apprendre à reconnaître les uniformes et services de secours (112) pour qu'ils puissent demander de l'aide.

PRISE EN CHARGE PSYCHOLOGIQUE APRÈS UNE CRISE

☐ Observer d'éventuels signes de stress post-traumatique (cauchemars, anxiété, hypervigilance, irritabilité, ...).

☐ Encourager l'expression des émotions à travers le dessin, le jeu ou la parole.

☐ Maintenir une routine rassurante même en situation instable (horaires des repas, rituels du coucher).

En appliquant ces conseils, vous contribuez à protéger et rassurer les enfants, leur offrant un cadre plus stable malgré l'incertitude d'une crise.

CEOS

COMMUNICATION ET SÉCURITÉ NUMÉRIQUE

SÉCURISATION DES DONNÉES

La protection des données personnelles et numériques est essentielle en situation de crise, où les cyberattaques et la désinformation peuvent aggraver la situation.

PROTÉGER SES ACCÈS NUMÉRIQUES

- ☐ Utilisez des mots de passe complexes (au moins 12 caractères avec lettres, chiffres et caractères spéciaux).

- ☐ Activez l'authentification à deux facteurs (2FA) sur vos comptes sensibles (banque, e-mail, services gouvernementaux).

- ☐ Stockez vos mots de passe en toute sécurité à l'aide d'un gestionnaire de mots de passe.

- ☐ Changez régulièrement vos mots de passe et évitez d'utiliser le même pour plusieurs services.

SÉCURISER SES COMMUNICATIONS

☐ Utilisez des applications de messagerie chiffrées comme Signal ou WhatsApp pour les échanges sensibles.

☐ Préparez une liste de contacts essentiels sur papier en cas de panne réseau.

☐ Évitez de partager des informations personnelles sensibles sur les réseaux sociaux.

PROTECTION CONTRE LA DÉSINFORMATION ET LES CYBERATTAQUES

- ☐ Ne relayez pas d'informations sans vérification auprès de sources officielles.

- ☐ Évitez de cliquer sur des liens suspects ou d'ouvrir des pièces jointes provenant d'expéditeurs inconnus.

- ☐ Mettez à jour régulièrement vos appareils (ordinateur, smartphone) pour corriger les failles de sécurité.

- ☐ Stocker et protéger ses documents importants.

- ☐ Faites des copies numériques et physiques de vos documents essentiels (pièce d'identité, passeport, carte de santé, contrats).

- ☐ Stockez les versions numériques sur une clé USB cryptée ou un disque dur externe sécurisé.

- ☐ Gardez une copie imprimée dans un sac d'évacuation étanche.

Ce que vous devez absolument retenir pour protéger votre vie et celle des autres.

1. RESTER CALME ET LUCIDE

Ne cédez pas à la panique. Prenez quelques secondes pour respirer, observer et réfléchir avant d'agir.

2. SE METTRE EN SÉCURITÉ

Avant d'aider qui que ce soit, assurez-vous que l'endroit est sûr. Un blessé de plus ne sert à rien.

3. ALERTER LES SECOURS

Appelez le 112 dès que possible. Donnez des informations claires : lieu, type d'incident, nombre de victimes.

4. SUIVRE LES CONSIGNES OFFICIELLES

Écoutez la radio, consultez BE-Alert, attendez les instructions. Ne diffusez pas de rumeurs.

5. AGIR VITE FACE AUX URGENCES VITALES

Apprenez les gestes qui sauvent : stopper une hémorragie, faire un massage cardiaque, protéger une victime.

6. ÉVACUER SI NÉCESSAIRE, CONFINER SI CONSEILLÉ

Ne partez que si c'est sûr. Sinon, restez à l'abri,
fermez portes et fenêtres, coupez la ventilation.

7. PRÉVOIR UN SAC D'URGENCE

Ayez toujours un sac prêt : eau, nourriture, lampe,
trousse de secours, documents, vêtements, batterie
externe.

8. PROTÉGER LES ENFANTS ET LES PERSONNES VULNÉRABLES

Rassurez-les, gardez-les près de vous, expliquez ce
qui se passe avec des mots simples.

9. GÉRER SON STRESS

Adoptez des techniques simples : respiration lente,
cohérence cardiaque, recentrage sensoriel.

10. ÊTRE PRÊT À TENIR SEUL PENDANT 72 HEURES

Les secours peuvent mettre du temps à arriver.
Mieux vaut être autonome… mais rester solidaire.

La résilience passe par

la connaissance, la préparation et la prise de décision rapide en situation de crise.

Ne comptez pas uniquement sur les secours

Prenez les devants, équipez-vous, formez-vous, et surtout, restez vigilants.

Soyez prêts, soyez informés, soyez résilients !

MARQUES FIABLES À PRIVILÉGIER

Il existe un large éventail de marques et de modèles adaptés à tous les budgets.

La liste présentée ici est indicative, basée sur la fiabilité, l'expérience terrain et les avis de professionnels, mais d'autres options peuvent tout à fait convenir selon vos besoins et vos moyens.

Premiers secours

☐ Garrots : CAT®, SAM® XT, SOFTT-W®

☐ Bandages compressifs : Israeli Bandage®, First Care®

☐ Trousse de secours : Elite Bags®, Tatonka®, Söhngen®, Adventure Medical Kits®

Filtration et purification d'eau

☐ Filtres : Katadyn®, Sawyer®, Lifestraw®

☐ Pastilles : Micropur®, Aquatabs®

Éclairage & énergie

- ☐ Lampes : Ledlenser®, Petzl®, Fenix®

- ☐ Batteries externes et solaires : Anker®, Xtorm®, Goal Zero®

Sac d'évacuation

- ☐ Sacs à dos : Osprey®, Deuter®, Tasmanian Tiger®, Forclaz® (Decathlon)

À noter : Decathlon propose un excellent rapport qualité/prix pour l'équipement de base (vêtements techniques, sacs, lampes, accessoires).

Couteaux multifonctions

- ☐ Marques recommandées : Victorinox®, Leatherman®, Gerber®

  Privilégiez un modèle compact et robuste avec lame, ciseaux, tournevis et ouvre-boîte.

Radios & communication

- ☐ Radios à piles ou dynamo : Midland®, Sangean®, Kaito®

  Modèles avec recharge manuelle, solaire ou port USB à privilégier.

Nourriture de survie

- ☐ Rations et repas lyophilisés : Trek'n Eat®, Tactical Foodpack®, Adventure Menu®, MX3 Aventure®

- ☐ Conserves classiques : haricots, lentilles, plats préparés, soupes…

Les conserves ont une longue durée de vie, sont prêtes à l'emploi, stables et faciles à stocker.

Retrouvez l'ensemble de nos sources et documents de référence sur

www.ceos-safety.com

CHECK-LIST
DE PRÉPARATION AUX CRISES

PRÉPARATION MENTALE ET PLANIFICATION

☐ Connaissance des risques majeurs locaux (naturels, technologiques, sanitaires, conflits).

☐ Inscription à un système d'alerte officiel : BE-Alert

☐ Plan familial d'évacuation défini (points de ralliement, itinéraires, alternatives).

☐ Tous les membres connaissent les numéros d'urgence (112) et leur nom complet.

☐ Une fiche d'urgence papier est remplie (adresse, contacts, groupe sanguin, pathologies).

☐ Point de rassemblement externe établi (si séparation).

☐ Liste papier de contacts essentiels (en cas de panne de téléphone).

SAC D'ÉVACUATION INDIVIDUEL (72H)

☐ Sac à dos robuste, étanche, d'une capacité de 30 à 50 litres.

Nourriture & Eau

☐ 6 litres d'eau potable minimum par personne (2L/jour sur 72h).

☐ Rations de survie ou repas lyophilisés.

☐ Barres énergétiques ou biscuits secs.

☐ Pastilles purificatrices (NaDCC, Aquatabs) / filtre portable (Sawyer, Lifestraw).

☐ Bouteille ou gourde filtrante.

Santé & Premiers secours

☐ Trousse de secours complète (compresses, antiseptiques, bandages, garrot, couverture de survie, pinces, gants).

☐ Médicaments personnels (avec ordonnance ou notice).

☐ Masques, gants jetables.

Énergie & Lumière

☐ Lampe torche + piles de rechange.

☐ Lampe frontale (préférable).

☐ Batterie externe (powerbank) et câble.

☐ Mini panneau solaire ou dynamo.

Communication

☐ Radio à piles ou manivelle (bande FM/AM).

☐ Téléphone de secours / Talkie-walkie.

Hygiène

☐ Lingettes humides / savon biodégradable / serviettes.

☐ Brosse à dents, dentifrice.

☐ Papier toilette.

☐ Sacs poubelles robustes (pour déchets ou protection imperméable).

☐ Protections hygiéniques.

Protection et outils

- ☐ Couteau multifonction (type Leatherman / Victorinox).

- ☐ Briquet / allumettes waterproof.

- ☐ Corde / paracorde.

- ☐ Bâche ou poncho (abri d'urgence).

- ☐ Sifflet d'urgence.

- ☐ Gilet réfléchissant.

Documents

- ☐ Copies papier plastifiées : pièce d'identité, carte de mutuelle, permis, carnets de santé, assurance.

- ☐ Clé USB cryptée avec copies numériques.

- ☐ Argent liquide (petites coupures).

Vêtements

☐ Sous-vêtements thermiques.

☐ Bonnet / gants / vêtements adaptés à la saison.

☐ Une tenue complète de rechange.

ENFANTS : KIT DE SURVIE SPÉCIFIQUE

- ☐ Lait infantile / petits pots.

- ☐ Doudou ou peluche.

- ☐ Livre ou coloriage léger.

- ☐ Vêtements de rechange.

- ☐ Couches, lingettes, crème.

- ☐ Fiche identité plastifiée (nom, prénom, photo, contacts).

- ☐ Brassard coloré ou carte autour du cou avec contact parent.

- ☐ Petit sifflet ou badge lumineux.

ANIMAUX DOMESTIQUES (OPTIONNEL MAIS RECOMMANDÉ)

- ☐ Alimentation pour 3 jours.

- ☐ Eau + gamelle.

- ☐ Laisse ou cage de transport.

- ☐ Médicaments si besoin.

- ☐ Carnet de santé / puce électronique.

- ☐ Sacs pour déjections.

- ☐ Photo récente de l'animal (reconnaissance en cas de perte).

DOMICILE SÉCURISÉ

- ☐ Objets extérieurs fixés (mobilier de jardin, outils...).

- ☐ Coupures de gaz, eau, électricité connues.

- ☐ Lieu sûr identifié pour le confinement (pièce sans fenêtre, avec réserve).

- ☐ Abris de proximité repérés.

CYBERSÉCURITÉ

- ☐ Mots de passe robustes (et sauvegardés hors ligne).

- ☐ Authentification à deux facteurs activée.

- ☐ Logiciels et système d'exploitation mis à jour.

- ☐ Applications chiffrées installées (Signal, WhatsApp).

- ☐ Sauvegardes locales des documents importants.

CEOS 78

www.ceos-safety.com

Dépôt légal

Cette brochure est soumise au dépôt légal auprès de la Bibliothèque royale de Belgique (KBR). Toute reproduction, modification ou diffusion sans autorisation est interdite.

Auteurs

Cette brochure a été réalisée par
M. Clément Julien, Infirmier, formateur pour CEOS Safety et sapeur-pompier et
Mme. Stano Anaïs Psychologue